Vente des 10, 11 et 12 Mai 1869

COLLECTION

DU COLONEL

Bourgeois Du Castelet

EXPOSITION PUBLIQUE
Le Dimanche 9 Mai 1869

Mes **PERROT** et **THORY**, Commissaires-Priseurs
MM. **DHIOS** et **GEORGE**, Experts

PARIS — 1869

RENOU ET MAULDE

IMPRIMEURS DE LA COMPAGNIE DES COMMISSAIRES-PRISEURS

Rue de Rivoli, 144.

Collection du C[el] BOURGEOIS DU CASTELET

VENTE AUX ENCHÈRES PUBLIQUES

Après Décès de Mlle BOURGEOIS, sa Sœur

DE

300 TABLEAUX

ANCIENS

Des Écoles Hollandaise, Flamande, Italienne et Française

OBJETS D'ART ET D'AMEUBLEMENT

150 BORDURES

Dont un grand nombre en bois sculpté et doré

HOTEL DROUOT, SALLE N° 1

Les Lundi 10, Mardi 11 et Mercredi 12 Mai 1869

A DEUX HEURES PRÉCISES

Par le ministère de Me **A. PERROT,** Commissaire-Priseur, place du Pont-Saint-Michel, 5,

Et de Me **THORY,** son confrère, rue Montyon, 11,

Assistés de MM. **DHIOS** et **GEORGE**, Experts, rue Le Peletier, 33.

EXPOSITION PUBLIQUE

Le Dimanche 9 Mai 1869, de une heure à cinq heures

PARIS — 1869

CONDITIONS DE LA VENTE

Elle sera faite au comptant.

Les Acquéreurs paieront CINQ POUR CENT, en sus du prix d'adjudication.

ORDRE DES VACATIONS

Tableaux : *Les Lundi 10 et Mardi 11 mai.*

Objets d'art et bordures : *Le Mercredi 12 mai.*

DÉSIGNATION

DES

TABLEAUX

Écoles Flamande et Hollandaise

ARTOIS (Jacques Van)

1 — **Paysage.**

Plusieurs villageois arrêtés au bord d'une route vivement éclairée et séparée d'une rivière par un bouquet d'arbres. Dans le fond, une montagne très-élevée.

ARTOIS

2 — **Trois bouquets d'arbres au bord d'un fleuve.**

BRACKENBURG (Renier)

3 — **Musico hollandais.**

Amusante composition de sept figures, dans laquelle on voit un jeune débauché qui s'était endormi dans un musico hollandais et que sa femme vient chercher, accompagnée de ses deux enfants.

BRACKENBURG (Renier)

4 — **Scène galante.**

Un vieillard assis devant une table, offre des bijoux à une jeune femme; mais celle-ci les refuse faisant connaître sa préférence pour le jeune cavalier qui lui prend galamment la taille.

BREEMBERG (B.)

5 — **Intérieur de grotte.**

BREUGHEL DE VELOURS

6 — **Village au bord d'un fleuve.**

Un chariot attelé de trois chevaux, plusieurs cavaliers, une infinité de figurines : villageois, promeneurs, sont groupés au premier plan sur une route qui conduit à un village placé sur une éminence; à gauche la rivière avec de nombreuses barques garnies de passagers.

Importante composition d'une exécution fine et d'un coloris très-clair.

Cuivre. — H. 32 c. L. 40 c.

BRIL (Paul)

7 — **Paysage de forme ronde.**

Grands arbres et habitations au bord d'une rivière.

BRIL (Paul)

8 — **Paysage.**

Moines en prières auprès d'un torrent.

CRANACH (Lucas)

9 — **La Charité.**

Assise sur un banc devant un massif de verdure, une femme allaite un petit enfant. Un jeune garçon, debout sur le banc auprès d'elle, passe des raisins à trois enfants qui forment un second groupe à cette intéressante composition.

Tableau signé du monogramme.

Bois. — H. 65 c. L. 56 c.

CROOS (J. Van)

10 — **Rivière de Hollande.**

A droite un pêcheur à la ligne auprès d'un pont de bois sur lequel sont arrêtés deux villageois.

CUYP (Albert)

11 — **La Plage de Scheveningen.**

Sur les dunes sablonneuses, des pêcheurs se partagent le poisson ou sont occupés à le charger sur un chariot. A gauche, la mer avec des barques à voiles.

CUYP (Attribué à)

12 — **Petite Paysanne assise à terre, adossée à une fontaine dans une rue de village.**

CUYP (Ecole de)

13 — **Paysage avec figures.**

A droite, une route qui franchit un pont sur lequel sont arrêtés deux piétons et un cavalier.

DE BOIS (CORNILLE)

14 — **Paysage.**

Maquignon conduisant des chevaux sur une route au bord d'un fleuve dans un site entièrement boisé.

DE BOIS

15 — **Paysage.**

A gauche, l'entrée d'un bois; à droite, dans le lointain, un village.

DECKER (Conrad)

16 — **Cabane et grands arbres.**

Auprès d'une cabane ombragée de grands arbres, un mendiant appuyé sur des béquilles demande l'aumône à une villageoise portant une corbeille de linge sur la tête et suivie par un petit chien.

DECKER

17 — **Cabanes et arbres au bord d'une rivière.**

Tableau d'un coloris argentin.

DECKER

18 — **Paysage.**

Trois chaumières entourées d'arbres et d'arbustes, construites au bord d'une rivière.

DIEBOLT

19 — **Port de mer.**

DUBBELS

20 — **Mer agitée.**

Au milieu, un trois-mâts ballotté par les flots.

EECKOUT (Gerbrand Vanden)

21 — **Abraham renvoyant Agar.**

EVERDINGEN (A. Van)

22 — **Paysage de Norwége.**

Blanchisserie sur un fleuve au pied d'une montagne semée de sapins.

EVERDINGEN

23 — **Site de Norwége.**

Monastère construit sur un rocher au pied duquel coule un torrent.

Le Ciel est admirable de transparence. Les premiers plans sont malheureusement très-restaurés.

EVERDINGEN

24 — **Cabanes de bûcherons.**

EVERDINGEN (Genre de)

25 — **Site de Norwége.**

Torrent au bas d'une prairie où paissent des moutons.

EVERDINGEN (Genre de)

26 — **Le Torrent.**

FRANCK

27 — **Sainte Martyre en prières, entourée de différents animaux.**

GAEL (Bernard)

28 — **Troupe de Cavaliers traversant un bois.**

GAEL (Bernard)

29 — **Halte de Cavaliers à la porte d'une hôtellerie.**

GLAUBER et LAIRESSE

30 — **Paysage historique.**

Au premier plan trois nymphes qui cueillent des fleurs. Dans le fond, les diverses constructions d'une ville au pied d'une haute montagne.

GOYEN (Jean Van)

31 — **Paysage.**

Près d'une cabane et au pied d'un grand arbre sont arrêtés trois piétons et un chariot portant six voyageurs. Plus en avant un colporteur est assis sur un tertre.

32 — **Le Pendant.**

Chaumières ombragées d'arbres au bord d'une rivière où voguent plusieurs batelets.

Compositions pittoresques de l'exécution la plus franche du maître; elles portent le monogramme et la date 1633.

Bois, forme ronde. — Diam. 87 c.

GOYEN (Van)

33 — **Eglise de Village près d'une rivière où l'on voit des pêcheurs.**

GOYEN (Van)

34 — **Marine.**

Mer agitée sur laquelle vogue une barque à voile et un batelet conduit par deux rameurs.

GOYEN (Van)

35 — **Ville de Hollande avec pont traversant une rivière.**

GOYEN (Van)

36 — **Paysage.**

Un homme assis près d'une maisonnette cause avec une femme et un enfant.

GOYEN (Genre de VAN)

37 — **Les Ruines.**

Deux laveuses auprès d'anciennes constructions.
Signé d'un nom illisible.

GOYEN (Genre de)

38 — **Village de pêcheurs.**

HAGEN (VANDER)

39 — **Intérieur d'un parc.**

Au premier plan, le portrait d'une jeune femme attribué à *Gonzalès Coques.*

HALS (DIRCK)

40 — **Réunion élégante.** 300 —

Seigneurs et Dames, au nombre de quatorze, réunis dans un palais et se livrant aux plaisirs de la musique et de la bonne chère.

HEEMSKERCK (Egbert Van)

41 — **Scène de buveurs.**

Deux pendants.

HEEMSKERCK

42 — **La Joueuse de vielle.**

HEEMSKERCK

43 — **Intérieur d'une Famille flamande.**

HERP (Van)

44 — **La Belle indécise.**

HOBBEMA (Genre de)

45 — **Plusieurs habitations champêtres au bord d'une route, à l'entrée d'un bois.**

HOBBEMA (Genre de)

46 — **Chapelle de Village située près d'un bois.**

200 —

HOBBEMA (Genre de)

47 — **Grands arbres baignés par un ruisseau.**

Pendant du précédent.

HOBBEMA (Genre de)

48 — **Entrée de bois.**

HOET (Gérard)

49 — **Sujet mythologique.**

Trois jeunes femmes considèrent avec surprise un petit triton placé dans un panier de pêcheurs.

HOOGH (Pieter de)?

50 — **Intérieur hollandais.**

Jeune femme assise près d'un berceau et tenant un enfant sur ses genoux.

145 —

HUYSUM (Ecole de J. VAN)

51 — **Bouquet de Fleurs variées dans un vase de cristal placé sur une table de marbre.**

KALFT (GUILLAUME)

52 — **Ustensiles de cuisine.**

SCHEFHOUT

53 — **Paysage; effet d'hiver.**

KESSEL (JEAN VAN), le Hollandais

54 — **Grands arbres baignés par une rivière où nagent des canards.**

KESSEL (VAN)

55 — **Pêcheurs à la ligne près d'un moulin à eau.**

KONING (Philippe de)

56 — **Paysage.**

Terrains sablonneux vivement éclairés.

LAMBRECHTS

57 — **Scène flamande.**

A la porte d'une auberge, plusieurs villageois sont assis autour d'un tonneau servant de table.

LAMBRECHTS

58 — **Villageois attablés à la porte d'un cabaret.**

MAAS (Nicolas)

59 — **Portrait de jeune femme.**

Représentée dans un paysage, accoudée sur un tertre, vêtue d'une robe de soie orangée à manches courtes laissant les bras nus, elle ramène sur la poitrine une écharpe qui flotte autour d'elle.

Belle qualité du maître et bon état de conservation.

Toile. — H. 58 c. L. 47 c.

MAAS (Nicolas)

60 — **Portrait de jeune femme représentée à l'entrée d'un parc.**

MAAS (Nicolas)

61 — **La Ménagère.**

Dans un intérieur hollandais meublé d'ustensiles de toute sorte, une femme assise devant la cheminée épluche les légumes. A terre, un énorme chou.

MANS (F.)

62 — **Vue d'une Ville maritime de Hollande, avec nombreux patineurs sur une rivière glacée.**

C. MATTHEUS (Signé)

63 — **Paysage avec torrent traversé par un pont, et forge sur le devant.**

MIREVELT

64 — **Portrait d'Homme.**

En buste, vêtement noir et large fraise tuyautée.

MOLENAER

65 — **Paysage.**

Hôtellerie sur une grande route.

MOLYN (P.)

66 — **Paysage.**

A gauche, une passerelle relie deux monticules boisés; à droite dans le fond, une ville.

MOMPER (Josse)

67 — **Paysage.**

A gauche, villageoises dans un ravin; dans le fond à droite, campagne boisée.

MOMPER

68 — **Paysage.**

Site agreste ; cavaliers et colporteurs au premier plan.

MOOR (Karl de)

69 — **La Mort de.....**

Blessée mortellement au sein, elle vient de s'affaisser à l'entrée d'un bois; elle est vêtue d'un élégant costume : corsage brodé, jupe de satin blanc, écharpe rouge et bleue.

MOUCHERON (Frédéric)

70 — **Paysage.**

C'est la vue d'une montagne toute couverte de verdure et d'où s'élance une chute d'eau qui retombe en cascade au premier plan.

MOUCHERON (Frédéric)

71 — **Site boisé avec pont traversant une rivière.**

ORLEY (Van)

72 — **La Vierge et l'Enfant tenant un œillet.**

POEL (Egbert Vander)

73 — **Les Patineurs.**

Groupe de villageois réunis devant une tente où l'on sert à boire; plus loin un moulin à vent et dans le fond, une ville.

POEL (Egbert Vander)

74 — **Intérieur de Laboratoire.**

Dans une pièce meublée d'ustensiles de toute sorte, un savant assis devant une fenêtre consulte un in-folio ouvert sur une table; un petit garçon remue un liquide contenu dans un bassin placé sur un fourneau.

75 — **Pendant du précédent.**

Les deux tableaux sont signés en toutes lettres à gauche : *E. Vander Poel.*

POEL (Egbert Vander)

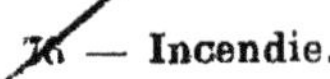

76 — **Incendie.**

Les habitants se pressent autour d'une maison incendiée adossée à l'église du village.

Signé et daté 1652.

POEL (Vander)

77 — **Cabane au bord d'une route.**

POELEMBURG (Cornille)

78 — **Paysage.**

A gauche, un faune, deux bacchantes et l'Amour. Sur la droite, on aperçoit dans la campagne des pâtres et leur troupeau. Chaîne de monts à l'horizon.

POELEMBURG

79 — **Pâtres gardant des bestiaux près de monuments en ruines.**

PORBUS (Ecole de)

80 — **Portrait de Marie de Médicis.**

Vue en buste, elle a une couronne sur la tête et un collier de perles autour du cou. Elle porte un corsage vert orné de broderies d'or et une collerette de guipure.

PORBUS (Ecole de)

81 — **Portrait d'une dame de distinction dans un élégant costume du XVIe siècle.**

POST (F.)

82 — **Vue prise au Brésil.**

POTTER (Paulus)?

83 — **Etang au milieu d'un bois.**

Petite étude d'une grande vérité.

PYNACKER (Adam)

84 — **Paysage et animaux.**

Au milieu d'un site montueux et boisé où s'élèvent les ruines d'un ancien palais, des pâtres conduisent leurs bestiaux.

ROGMAN (Roland)

85 — **Deux Villageois au bord d'une route qui s'enfonce dans un bois.**

ROGMAN (Roland)

86 — **Les Baigneuses.**

Site montueux et boisé traversé par une rivière; sur le premier plan une éminence où se reposent trois baigneuses.

ROMBOUTS

87 — **Paysage.**

Deux pêcheurs à la ligne à l'entrée d'un bois qui occupe toute la composition.

ROMBOUTS

88 — **Paysage.**

Un bouquet de quatre arbres sur une place à l'entrée d'un village.

ROMEYN (Willem Van)

89 — **Animaux au repos.**

ROTTENHAMER

90 — **Le Festin des Dieux.**

Composition gracieuse où l'on compte environ cinquante figures.

RUBENS (Ecole de)

91 — **Etude de Vieillard.**

RUYSDAEL (Salomon)

92 — **Paysage.**

A gauche, quatre vaches dont deux sur un tertre; à droite, une rivière qui baigne le pied d'un rocher.

RUYSDAEL (Salomon)

93 — **Site plat traversé par un ruisseau, auquel viennent s'abreuver deux vaches.**

RUYSDAEL (Salomon)

94 — **Paysage avec moulin à vent.**

Chariot sur une route au premier plan.

RUYSDAEL (École de)

95 — **Paysage avec terrains accidentés.**

RUYSDAEL (École de)

96 — **Ville de Hollande au milieu d'une plaine d'une vaste étendue.**

SAFTLEVEN (Cornille)

97 — **La Ferme.**

Cinq vaches près d'une ferme, à quelque distance d'une rivière au bas de laquelle sont arrêtés trois villageois.

SCHUTZ

98 — **Vues des bords du Rhin.**

Deux pendants.

SLINGELANDT (P. Van)

99 — **Portrait de jeune Femme représentée avec les attributs de Diane.**

SLINGELANDT (Manière de)

100 — **Portrait d'un Seigneur représenté auprès d'une table, où sont déposés une tête de mort, un livre et divers ustensiles.**

SWANEVELT (Herman)

101 — **Paysage boisé.**

Sur une route à gauche, trois villageois, dont un conduit un âne.

SVANEVELT

102 — Paysage.

Une rivière partage la composition; à droite villageois sur une route au pied d'un bloc de rochers environné d'arbres; à gauche, une éminence boisée dominée par une tour en ruines.

TERBURG (Attribué à G.)

103 — Portrait de Femme.

Vêtue de noir, elle est représentée à mi-jambes debout près d'une table couverte d'un tapis rouge et sur laquelle sont placés une cafetière et un gobelet de métal.

TILBORCH (Gilles Van)

104 — Intérieur flamand.

A droite, plusieurs villageois attablés; le repas touche à sa fin, deux d'entre eux se sont endormis sur la table. A gauche, un homme présente un verre de vin à une jeune femme qui tient une pipe. Plus en avant, une petite fille; près d'elle une poule, un réchaud allumé, une cruche, un plat et une lanterne sur un banc.

Très-bon tableau du maître portant sa signature en toutes lettres.

Bois. — H. 44 c. L. 54 c.

UDEN (Van)

105 — **Paysage d'une vaste étendue.**

Il est orné au premier plan de jolies figurines peintes par un artiste français de la fin du XVIIIe siècle.

VERBRUGGEN

106 — **Bouquet de Fleurs.**

VERSCHUURING

107 — **Le Marchand de chevaux.**

VICTORS (Jean)

108 — **Récréation champêtre.**

Des villageois réunis à la porte d'une hôtellerie, boivent, mangent, fument et dansent au son du violon d'un ménétrier debout sur un tonneau. Un chariot vient de s'arrêter et quatre personnages en descendent, paraissant animés des meilleures dispositions pour prendre part à la fête.

Toile. — H. 82 c. L. 107 c.

VICTORS

109 — **Le Passeur.**

Un batelier traverse une villageoise et sa vache. Des canards nagent autour du bac.

VRIES (R. DE)

110 — **Vieille Tour et Masures de briques au bord de l'eau.**

VRIES (M. DE)

111 — **Habitations rustiques construites au bord d'une rivière.**

VRIES (DE)

112 — **Cabane ombragée d'arbres, située au bord d'une rivière, où l'on voit une barque avec deux pêcheurs.**

VRIES (DE)

113 — **Intérieur de Village.**

WEENIX

114 — **Animaux au repos.**

Des poules effrayées par un chien, des chèvres et des moutons au repos, près d'un chemin qui gravit un monticule où s'élèvent des ruines adossées à un ancien pont.

Composition pittoresque d'une exécution large et facile.

WYCK (Thomas)

115 — **Paysage.**

Villageois arrêtés auprès d'une fontaine.

ZORG (H.-M. Roques)

116 — **Intérieur de Ferme.**

Une vache et son veau au râtelier, près d'une table sur laquelle sont empilés toutes sortes d'ustensiles, chaudrons, pots de terre, légumes, etc.

PAR UN FLAMAND EN ITALIE

117 — **La Vierge assise sur un trône tient sur ses genoux son divin fils qui donne la bénédiction à plusieurs saints.**

Cette composition est représentée au milieu d'un cartouche ovale où sont figurés dans quinze petits médaillons, les divers épisodes de la Passion.

Bois. — H. 49 c. L. 30 c.

ANCIENNE ÉCOLE ALLEMANDE

118 — **Deux Volets réunis dans un même cadre et peints des deux côtés.**

Sur une face la *Nativité* et *l'Adoration des Mages*; sur l'autre *la Visitation*.

ÉCOLE ALLEMANDE

119 — **Portrait de jeune Femme dans un élégant costume du XVIe siècle.**

Elle tient une cassolette à parfums.

G. D. H. (Monogramme), 1624.

120 — **Troupe de Cerfs parmi des rochers, au pied d'une cascade.**

ÉCOLE HOLLANDAISE

121 — **Paysage.**

Sur une route à l'entrée d'un bois, un chasseur chemine suivi d'un cavalier et d'un enfant.

ÉCOLE HOLLANDAISE

122 — **Paysage.**

Villageoise montée sur un cheval et causant avec un homme assis au bord d'une route.

ÉCOLE HOLLANDAISE

123 — **Vénus et Adonis.**

ECOLE HOLLANDAISE

124 — **Chevaux à l'abreuvoir.**

125 — **Nature Morte.**

Une assiette de figues, un couteau, un pain ouvert, un petit baril et une bouteille déposés sur une table de cuisine.

126 — **Prunes, Poires et Corbeille de raisin.**

Pendant du précédent.

Écoles Italienne et Espagnole

ANTOLINEZ (Joseph)

127 — **L'Immaculée Conception.**

Debout sur la boule du monde, la Vierge, les mains jointes, s'élève au ciel entourée d'une gloire d'anges et de chérubins.

AMICONI

128 — **Joseph et Putiphar.**

ANSELMI

129 — **Mariage mystique de sainte Catherine.**

BASSAN

130 — **La sainte Famille avec sainte Catherine.**

BELLIN (Ecole de J.)

131 — **La Vierge et l'Enfant.**

BOCCACCINO (Bocaccio)

132 — **La Vierge à la pomme.**

Marie présente une pomme à l'Enfant assis devant elle sur un banc de pierre. Derrière la Vierge, une draperie fixée à une tringle ; et à gauche, fond de paysage.

Ce tableau de forme ronde est signé :

Bochaccinus cremons me pinxit 1495.

BONIFAZIO

133 — **La Vierge au Chardonneret.**

Un chardonneret dans la main, Marie soutient son divin fils, assis sur ses genoux ; l'enfant tourné vers saint Joseph appuyé sur un bâton, lui donne ses petites mains à baiser. Fond de paysage.

Gracieux tableau de chevalet, beau spécimen de l'école vénitienne.

Toile. — H. 52 c. L. 48 c.

BORDONE (Paris)

134 — **Vénus et l'Amour.**

Vue à mi-corps, la gorge nue, des perles dans la chevelure et autour du cou, la déesse cueille des fleurs que l'Amour reçoit dans une corbeille.

Superbe tableau qui a toute l'allure d'un Véronèse.

Toile. — H. 1 m. L. 91 c.

BRONZINO (Angiolo)

135 — **Une Sainte.**

Vue en buste, tournée de trois quarts, elle tient d'une main un vase à parfums et de l'autre un livre de prières.

Figure d'un style élevé et d'un grand caractère.

Bois. — H. 67 c. L. 53 c.

CALABRÈSE

136 — **Saint Augustin.**

CARAVAGE

137 — **Descente de Croix.**

CARRACHE (Louis)

138 — **Le Bain de Diane.**

CASTELLI (Valerio)

139 — **La Sainte Famille.**

CONEGLIANO (Cima da)

140 — **La Vierge et l'Enfant.**

Tournée à gauche, en trois quarts, la Vierge tient dans ses bras l'Enfant Jésus. Sa tête est couverte d'un voile blanc et d'un manteau bleu retombant sur la robe. A gauche, la vue se porte sur une campagne boisée, arrosée par une rivière.

CORRÉGE (Ecole du)

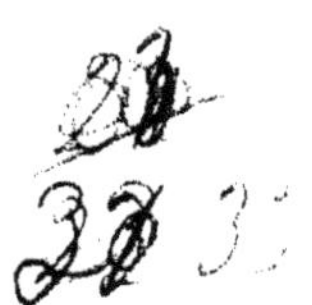

141 — **Sainte Irénée.**

En buste, de profil, la tête inclinée, elle tient des flèches.

DOLCI (Carlo)

142 — **Mater dolorosa.**

DOLCI (École de Carlo)

143 — **La Vierge en prières devant le Christ mort.**

Figures en buste dans un médaillon ovale.

DOSSO-DOSSI

144 — **La Vierge, l'Enfant Jésus et saint Jean-Baptiste.**

Bois. — H. 62 c. L. 47 c.

DUGHET (Gaspard) dit Guaspre POUSSIN

145 — **Paysage; site italien.**

Plusieurs fabriques au sommet de coteaux boisés et traversés par un cours d'eau.

DUGHET

146 — **La Campagne de Rome.**

En premier plan, un pâtre cause avec une villageoise assise sur un tertre.

FRANCIA (Ecole de)

147 — **La Sainte Famille.**

L'Enfant debout sur une table s'apprête a embrasser sa mère qui le contemple avec amour. A droite, se tient saint Joseph.

FURINI

148 — **Judith tenant la tête d'Holopherne.**

GAROFALO

149 — **Repos de la Sainte Famille.**

L'enfant Jésus assis sur les genoux de sa mère, qui a les mains jointes dans l'attitude de la prière, donne la bénédiction au petit saint Jean agenouillé devant lui. A gauche, saint Joseph debout, drapé dans un ample manteau. Dans le haut de la composition, une gloire d'anges. Fond de paysage.

Bois. — H. 46 c. L. 36 c.

GHIRLANDAJO (RODOLFI)

150 — **La Vierge au lys.**

La Vierge tient une branche de lis et maintient l'enfant sur ses genoux ; elle est assise sur une stalle de pierre au-dessus de laquelle on découvre une vaste campagne.

Bois, forme ronde. — Diam. 80 c.

GIORDANO (LUCCA)

151 — **La Présentation au Temple.**

GUIDO RENI

152 — **Saint François et saint Jean-Baptiste adorant l'Enfant Jésus debout sur les genoux de la Vierge.**

Peinture sur ardoise.

JUANÈS (Attribué à JUAN DE)

153 — **Le Christ au roseau.**

LOCATELLI

154 — **Paysage.**

Au premier plan, Actéon métamorphosé en cerf est dévoré par ses chiens.

LONGHI (Pierre)

155 — **Le petit Déjeuner.**

156 — **Artiste faisant le portrait d'une jeune dame.**

Deux charmantes scènes d'intérieur formant pendants.

LIPPO MEMMI

157 — **Vierge et l'Enfant Jésus.**

Peinture sur fond d'or.

MARIESCHI

158 — **Vue de Venise.**

Le grand canal sillonné de gondoles, les quais animés de nombreuses figurines et dans le fond le pont du Rialto.

De la plus belle qualité du maître.

Toile. — H. 71 c. L. 1 m. 10 c.

MARIESCHI

159 — **Vue de Venise.**

Le grand canal et un quai où s'élève une église surmontée d'un dôme.

MARIESCHI

160 — **Vue de Venise.**

MORONI

161 — **Portrait d'un peintre.**

ONOFRIO DA CRESCENZIO

162 — **Paysage de forme ovale.**

163 — **Les Muletiers.**

Pendant du précédent.

ORIZZONTI

164 — **Paysage; site italien.**

PARMESAN

165 — **La Sainte Famille, au milieu d'un paysage enrichi de monuments.**

La Vierge, assise, tient sur ses genoux l'enfant Jésus, qui reçoit les caresses du petit saint Jean.

Bois. — H. 74 c. L. 59 c.

PARMESAN (Ecole du)

166 — **La Vierge, l'Enfant, saint Jean et deux anges**

PHILIPPE NAPOLITAIN

167 — **Combat de Cavalerie.**

PINTURICCHIO

168 — **La Vierge et l'Enfant Jésus.**

La tête couverte d'une draperie verte, en forme de turban, la Vierge est vue à mi-jambes, au milieu d'un paysage. Elle soutient sur ses genoux l'enfant Jésus qui tient une grenade dans la main gauche et élève la droite pour bénir.

RAPHAEL (Ecole de)

169 — **La Sainte Famille.**

L'Enfant Jésus est assis sur les genoux de sa mère, occupée à une pieuse lecture. Il vient de prendre une croix de roseau que lui présente le petit saint Jean et se retourne vers saint Joseph.

Bois. — H. 66 c. L. 57 c.

RIBERA (D'après)

170 — **Le Christ mort.**

ROMAIN (Jules)

171 — **La Vierge, l'Enfant Jésus et saint Jean.**

La Vierge soutient des deux mains l'enfant Jésus et se tourne vers le petit saint Jean qui présente à son divin maître la banderolle où se trouve la légende : *Ecce agnus Dei.*

Le colonel Bourgeois attribuait ce tableau à Jules Romain. C'est assurément une très-remarquable production de l'école de Raphaël, due à l'un de ses meilleurs élèves.

Bois. — H. 86 c. L. 70 c.

RONDANI (Francesco)

172 — **Saint Jérôme.**

ROSSO DEL ROSSO

173 — **Andromède.**

RUOPPOLO (Jean-Baptiste)

174 — **Raisins, Pommes, Pêches, Melons, etc.**

Tableau signé.

SALVATOR ROSA

175 — **Paysage.**

Amas de rochers entourés d'eau; au premier plan, Tobie et l'ange.

SALVATOR ROSA

176 — **Pâtres au pied d'un immense rocher.**

SALVATOR ROSA (Attribué à)

177 — **Martyre de saint Laurent.** 22 —

SALVIATI

178 — **La Fortune.**

SARTO (Ecole d'ANDREA DEL)

179 — **La Vierge et l'Enfant Jésus qui tend les bras au petit saint Jean.**

SCHIDONE (BARTOLOMEO)

180 — **La Sainte Famille.**

La Vierge et saint Joseph sont penchés vers l'enfant qui montre à lire au petit saint Jean-Baptiste. 145 —

SCHIDONE

181 — **Sainte Famille.**

L'enfant Jésus passe ses bras autour du cou de sa mère et se tourne vers saint Joseph. La Vierge, coiffée d'un turban, enveloppe d'un linge blanc son divin fils debout sur une table.

SOLIMENE

182 — **Allégorie.**

TASSI (AUGUSTIN)

183 — **Le Torrent.**

Au pied d'un énorme rocher à pic couronné par des constructions en ruines, coule un torrent sur lequel est jeté une passerelle que traverse un pâtre conduisant des moutons.

TASSI

184 — **Paysage; site boisé.**

Au premier plan, un pâtre assis, une femme qui trait une vache, deux autres vaches dont une couchée et un petit veau.

TASSI

185 — **Paysage.**

Quatre paysans au premier plan; dans le fond à droite, un pont à trois arches.

TASSI

186 — **Paysage.**

Sur le devant un batelier faisant passer l'eau à des villageois; les figures sont de Jean Miel.

TASSI

187 — **Paysage.** 60 —

Chasseur à l'affût au bord d'un cours d'eau qui coule à travers bois.

TASSI

188 — **Paysage.**

Promeneurs arrêtés devant une ferme.

TINTORET (Ecole du)

189 — **Les quatre Évangélistes.**

Ils sont assis autour d'une table chargée de livres.

VINCI (Ecole de LÉONARD)

190 — **La Vierge, l'Enfant Jésus et saint Jean.**

ANCIENNE ÉCOLE VÉNITIENNE

191 — **La Vierge et l'Enfant.**

La Vierge, les mains jointes, contemple son divin fils couché sur un coussin placé sur une table de pierre. A gauche, est une fenêtre donnant sur une ville.

Bois. — H. 48 c. L. 36 c.

ÉCOLE FERRARAISE

192 — **Le Christ mort.**

Les trois Marie et saint Jean soutiennent le corps inanimé du Sauveur. Saint Joseph d'Arimathie et saint Nicodème complètent ce groupe désolé. Au fond, une ville et le calvaire se détachant sur un ciel éclairé par les feux du couchant.

Bois. — H. 54 c. L. 41 c.

ÉCOLE FERRARAISE

193 — **L'Adoration des Mages.**

Bois. — H. 62 c. L. 50 c.

ÉCOLE ITALIENNE (Fin du XVe siècle)

194 — **La Vierge en adoration devant l'Enfant Jésus soutenu par deux anges.**

ÉCOLE ITALIENNE

195 — **La Nativité.**

ÉCOLE ITALIENNE

196 — **Vénus et l'Amour.**

ÉCOLE ITALIENNE

197 — **Le Christ descendu de la croix.**

ÉCOLE ITALIENNE

100 198 — **Le Crucifiement.**

ÉCOLE ITALIENNE

199 — **Les Apprêts de la S pulture.**

ÉCOLE FLORENTINE

200 — **La Vierge embrassant l'Enfant Jésus.**

ÉCOLE VÉNITIENNE

201 — **Le Christ guérissant les malades.**

Esquisse.

ÉCOLE FLORENTINE

202 — **Un saint Evêque et un Ange.**

Fragment de tableau.

ÉCOLE DE PARME

203 — Sainte tenant la palme.

ÉCOLE ESPAGNOLE

204 — Prédication de saint François-Xavier.

ÉCOLE ESPAGNOLE

205 — La Vierge enveloppée d'un manteau bleu, tient l'Enfant Jésus dans ses bras.

École Française

ALBRIER

206 — **Tête de jeune femme.**

De trois quarts, la tête inclinée sur l'épaule gauche, le front et les yeux dans l'ombre, le bas du visage éclairé.

ALBRIER

207 — **Tête de jeune Fille.**

En buste, une épaule nue, les regards élevés vers le ciel.

ALBRIER

208 — **Tête de Bacchante avec roses dans les cheveux.**

ALBRIER

209 — **Tête de jeune Paysanne.**

ALBRIER

210 — **Jeune Fille endormie.**

ALBRIER (D'après PRUDHON)

211 — **Nymphe.**

Entourée d'Amours, elle est assise sur un tertre et se mire dans une nappe d'eau.

BEAUBRUN

212 — **Portrait de jeune Femme.**

Elle est représentée avec les attributs de sainte Catherine.

BOILLY (LÉOPOLD)

213 — **Triomphe de Galatée.**

Peinture imitant un bas-relief de pierre.

Signé.

A. BOISSELIER, 1818

214 — **Paysage historique.**

BOURGEOIS DU CASTELET

215 — **Vue de Suisse ; la Cascade.**

BOURGUIGNON (Jacques Courtois, dit Le)

216 — **Combat de Cavalerie.**

BOURGUIGNON

217 — **Combat de Cavalerie.**

BOURGUIGNON

218 — **Combat de Cavalerie.**

BOURGUIGNON (Ecole du)

219 — **Combat de Cavalerie.**

CHALLE

220 — **L'Aveu.**

Un galant berger a saisi la main de son amante et lui fait une déclaration que celle-ci écoute en baissant les yeux.

COYPEL

221 — **Suzanne et les deux Vieillards.**

DROLLING, 1816

222 — **Paysage.**

Cavaliers sur une route longeant le mur d'enceinte d'un parc.

DUNOUY

223 — **Paysage historique.**

J. D., 1787

224 — **Pont à deux arches, sous lequel passe un troupeau de bœufs et de moutons.**

LALLEMAND

225 — **Repas champêtre.**

LANCRET (D'après)

226 — **Les Oies du frère Philippe.**

LANDRY (1791). Signé

227 — **Portrait d'un petit Garçon assis dans un fauteuil et vu en buste.**

LECOMTE (Hippolyte) 1816

228 — **Paysage.**

Une dame montée sur un cheval blanc et tenant un petit garçon, contemple une statue placée au bord de la route.

LEMOINE

229 — **La Sainte Famille dans un paysage.**

LENAIN

230 — **Intérieur de forge.**

LORRAIN (Claude)

231 — **Paysage.**

Au premier plan, dans une prairie plantée de grands arbres, paissent quelques chèvres sous la surveillance de deux pâtres dont l'un joue du chalumeau. Un peu plus loin, coule une rivière au pied d'une haute montagne boisée qui occupe toute la partie droite du deuxième plan. La vue se porte à gauche sur un vallon fertile circonscrit à l'horizon par une chaîne de collines baignées dans la lumière.

Admirable paysage plein de lumière et d'harmonie et qui nous paraît digne de porter le grand nom de Claude Lorrain, auquel il était attribué dans la collection.

Toile. — H. 70 c. L. 93 c.

LORRAIN (D'après)

232 — **Danse de Villageois.**

LOUTHERBOURG

233 — **Pâtres et leur troupeau sur un rocher au bord d'un fleuve.**

Signé et daté.

LOUTHERBOURG

234 — **Paysage et animaux.**

Esquisse.

MALLET

235 — **Le Baiser.**

MICHALLON

236 — **Paysage historique.**

Œdipe et Antigone; esquisse.

MICHEL

237 — **Sept Études de paysages seront divisées sous ce numéro.**

MILET (Francisque)

238 — **Paysage historique.**

Pâtre jouant du flageolet à la tête d'un troupeau de moutons.

MILET (Francisque)

239 — **Paysage.**

Torrent au milieu de rochers.

PEREZ (L.).

240 — **Scène galante dans le goût de Watteau.**

PRÉVOST (Pierre)

241 — **Route sinueuse conduisant à un village construit au pied d'une chaîne de montagnes.** 25

PRÉVOST

242 — **Vue prise aux environs de Paris.**

Étude.

PRÉVOST

243 — **Étude de paysage.**

RÉMOND

244 — **Paysage avec ruines.**

ROBERT (Hubert)

245 — **Laveuses au pied d'un escalier monumental.**

SAUVAGE

246 — **Petits Amours jouant avec une chèvre.**

Peinture en grisaille imitant un bas-relief.

STELLA (Jacques)

247 — **La Vierge et l'Enfant Jésus.**

SWEBACH

248 — **Le Marché aux chevaux.**

Esquisse.

SWEBACH

249 — **Trois Chars-à-Bancs lancés au galop sur une grande route.**

Scène russe, esquisse.

SWEBACH

250 — **Arrêt d'une Berline dans un village.**

Dessin au trait sur toile.

SWEBACH

251 — **Marché aux Chevaux.**

Trait au pinceau.

VALENCIENNES

252 — **Paysage sur cuivre.**

VOUET (Simon)

253 — **La mise au Tombeau.**

Signé et daté.

ÉCOLE FRANÇAISE

254 — **Tête d'Enfant.**

C'est un charmant petit garçon de deux à trois ans à la mine éveillée, aux yeux bleus, aux cheveux blonds et frisés.

ÉCOLE FRANÇAISE

255 — **Portrait de jeune femme, la tête couverte d'un voile.**

ÉCOLE RUSSE

256 — **Carriole attelée de deux chevaux, conduits par un postillon.**

ÉCOLE RUSSE

257 — **Voyageurs dans un chariot; pendant du précédent.**

Signature illisible.

ÉCOLE MODERNE

258 — **Plaine traversée par un canal.**

Au premier plan, trois bateaux de transport amarrés près d'un bouquet d'arbres.

ÉCOLE MODERNE

259 — **Vue d'un château.**

260 — Sous ce numéro seront vendus quarante-cinq tableaux.

261 — Sous ce numéro douze gouaches, dessins et gravures.

262 — Plusieurs études de paysages.

CADRES DORÉS

263 — Sous ce numéro environ **cent cinquante Bordures**, dont une grande partie en bois sculpté et doré sont très-remarquables d'ornementation et de travail. Cadres italiens et français des époques Louis XIV, Louis XV et Louis XVI, etc., etc.

OBJETS D'ART

DE CURIOSITÉ ET D'AMEUBLEMENT

264 — **Grande Console Louis XV**, en bois sculpté et doré, dessus en marbre bleu turquin.

265 — **Deux petites Consoles** de même époque en bois sculpté et doré, dessus en marbre.

266 — **Guéridon rond**, dessus vert antique; monture en bronze.

267 — **Petite Console Louis XV** en bois sculpté et doré, dessus en marbre blanc.

268 — **Petit Guéridon** à quatre pieds en cuivre, dessus en porphyre rouge.

269 — **Guéridon** en acajou et palissandre avec dessus à rosace en marqueterie de bois; il repose sur trois pieds à griffes de lion ; ornements en bronze.

270 — **Petit Guéridon** en marbre blanc, monture en bronze à tête de bélier.

271 — **Grande et belle Glace** à biseau avec très-riche encadrement en bois sculpté à jour et doré, surmonté d'un médaillon à chiffre.

272 — **Grande et belle Glace** du temps de Louis XIV, encadrement en bois sculpté et doré avec fronton à oiseaux.

273 — **Petit Miroir italien** à biseau avec cadre en bois sculpté et doré; époque Louis XIV.

274 — **Grand Cabinet** à deux corps en écaille rouge avec ornements en bronze repoussé et doré; époque Louis XIII.

275 — **Petit Cabinet** italien à porte à battant en bois et marqueterie d'ivoire.

276 — **Lustre Flamand** à six lumières en cuivre uni; époque Louis XIII.

277 — **Christ en ivoire sculpté** sur sa croix en écaille; beau travail français du temps de Louis XIV.

278 — **Garniture de cinq pièces** en porcelaine du Japon; trois vases à couvercles de forme ovoïde allongée et deux cornets, décor à fleurs et oiseaux en camaïeu bleu; monture Louis XVI en bronze ciselé et doré.

279 — **Vase à pans** forme balustre en porcelaine de Chine fond bleu lapis avec rehauts d'or.

280 — **Deux Vases étrusques** en terre peinte à figures.

281 — **Jolie Pendule** forme religieuse à colonnes détachées, galeries à balustres et clochetons, fond d'écaille marqueté de cuivre et d'étain.

282 — **Belle paire de Chenets** du temps de Louis XVI en bronze ciselé et doré, surmontés de vases cassolettes à flammes.

283 — **Très-jolie paire de Flambeaux** en argent ciselé ; époque Louis XIV.

284 — **Deux Buires** en bronze forme égyptienne.

285 — **Pendule** en marbre griotte surmonté d'une figurine en bronze : *Bacchus enfant.*

286 — **Deux Candélabres** en bronze à six lumières ; époque de l'Empire.

287 — **Coupe** en bronze et marbre griotte.

288 — **Grosse montre en argent** du temps de Louis XV avec boîte gravée et repercée à jour dans sa double boîte en chagrin ; longue chaîne en argent.

289 — **Baromètre Louis XVI** en bois sculpté et doré.

290 — **Paire d'Appliques** a deux lumières en bronze ciselé et doré ; style Louis XV.

291 — **Aiguière** en cuivre argenté et gravé.

292 — **Triomphe de Vénus** gouache avec encadrement en bois finement sculpté à jour et orné de fleurs de lys.

Haut 20 c. largeur 43 c.

293 — **Miniature sur vélin** du XVe siècle représentant la Nativité ; cadre sculpté.

294 — **Encrier** en marqueterie genre Boule.

295 — **Bas-relief** en galvano; *L'Enlèvement des Sabines.*

296 — Couteau de chasse, Couteau Catalan et une flèche.

297 — Un lot d'écrans.

298 — Chasse-Mouche algérien garni en argent.

299 — Les objets omis.

Renou et Maulde, imprimeurs de la Compagnie des Commissaires-Priseurs, rue de Rivoli, 144. 2391b

www.ingramcontent.com/pod-product-compliance
Ingram Content Group UK Ltd.
Pitfield, Milton Keynes, MK11 3LW, UK
UKHW021313190726
13839UKWH00007B/1216

9 782329 531397